# SAINTE GENEVIÈVE

## DRAME

### EN TROIS ACTES

Prix : 0,75 cent.

LYON

**LIBRAIRIE EMMANUEL VITTE**
Place Bellecour, 3

1890

# SAINTE GENEVIÈVE

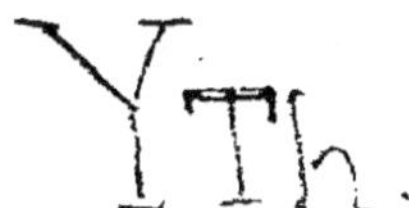

# SAINTE GENEVIÈVE

## DRAME

EN TROIS ACTES

Prix : 0,75 cent.

LYON

LIBRAIRIE EMMANUEL VITTE
Place Bellecour, 3

1890

*Nous croyons rendre service aux Maisons d'éducation chrétiennes en leur recommandant le drame de Sainte Geneviève ; ces scènes historiques nous paraissent de nature à exciter les sentiments les plus nobles et les plus elevés dans l'âme de la jeunesse.*

Lyon, le 2 février 1890.

J. DÉCHELETTE,

Vic. Gén.

# PERSONNAGES

Ste GENEVIÈVE.

Ste AIDE } ses compagnes.
CÉLINIE }

CLOVIS, roi des Franks.

CLOTILDE, sa femme.

CLODOMIR, leur petit enfant (1).

ALBOFLÈDE, jeune sœur de Clovis.

WULTRADE, suivante de Clotilde.

SEDULIUS, archidiacre de l'église d'Auxerre.

KRONA }
BERTHE } femmes de Paris.
ERRHADE }

SIGFRIED, soldat.

BERTRADE, bergère de Nanterre.

LICIUS, prisonnier de Paris.

(1) Ce rôle ne peut être joué que par un très petit enfant ou une de
ces grosses poupées, dites bébés Jumeau.

# ACTE PREMIER

---

**Geneviève la bergère.**

La scène se passe dans la campagne de Nanterre, vers 445.

---

## SCÈNE Ire

GENEVIÈVE, précédée de son troupeau. entre tenant
un agneau dans ses bras.

### GENEVIÈVE

Ainsi le bon Pasteur Jésus prenait sur ses épaules la
brebis fatiguée ou blessée, et il l'a rapportait au bercail.
(Mettant l'agneau à terre.) Ne tremble point, pauvre petit :
je te conduirai dans les frais pâturages, près des
fontaines, et l'Ange qui veille avec moi sur le troupeau,
saura bien te défendre des loups.

Toujours seule dans les champs, je médite le saint
Evangile, et je ne garde pas mes brebis comme le merce-
naire; mais je les connais, et elles me connaissent, comme
vous me connaissez, ô mon Pasteur (elle s'agenouille) et

comme je vous connais, moi, nourrie depuis si longtemps dans le bercail de votre Eglise et abreuvée de vos
meilleures grâces !

Anges du ciel venez m'aider à bénir le Seigneur !
*(elle chante) (1)*
J'ai soin du troupeau de mon père,
Jésus, mon Pasteur
Gardez le cœur de la bergère !

*(Un ange apparait et lui répond)*

### L'ANGE

Le Seigneur Dieu m'envoie en terre
O vierge, ma sœur,
Pour mieux répondre à ta prière.

### GENEVIÈVE

Alors menez-moi, je vous prie,
Jusqu'au paradis,
Dans la céleste bergerie.

### L'ANGE

Jésus se plaît dès cette vie
Au milieu des lis
Il ne fuit que l'âme flétrie.

### GENEVIÈVE

Je crains de perdre la parure
De belle candeur
Le monde est si plein de souillure !

### L'ANGE

Au nom de Dieu je te rassure,
Ma dame et ma sœur,
Tu vivras et tu mourras pure.

---

(1) L'air adapté à ces strophes n'ayant pu trouver place ici, s'adresser
pour cela à l'éditeur.

### GENEVIÈVE

Alors priez l'auguste Reine
Des cieux éclatants,
Qu'en son royaume elle m'emmène !

### L'ANGE

Dieu ne veut point briser ta chaine,
Hélas ! de longtemps,
Il faut pour Lui souffrir ta peine.


# SCÈNE III

### LES MÊMES, UNE BERGÈRE

Dieu ! quels chants célestes on entend par ici. Sûrement c'est un concert d'anges ; jamais je n'ouïs des voix si douces ; mais non, c'est Geneviève qui prie toute seule, agenouillée sur la fougère ; ses yeux sont au ciel, comme son cœur. Qu'y a-t-il donc d'extraordinaire en elle pour qu'aucune de nous ne lui ressemble ? Elle est bergère comme nous, elle file sa quenouille, elle garde ses brebis, elle aide ses parents comme nous ; mais elle fait tout cela d'un air paisible et joyeux que je n'ai vu à personne ; on dirait un ange caché sous les traits d'une pauvrette, pour nous apprendre la vertu. D'où cela peut-il venir ? (Lui touchant l'épaule.) Geneviève, ma compagne, es-tu donc endormie ? réponds-moi.

### GENEVIÈVE (comme s'éveillant).

Ah ! douce sœur, pourquoi m'éveilles-tu ? J'étais en belle compagnie !

### LA BERGÈRE

Et laquelle ? je te prie ; en conduisant tout à l'heure mon troupeau le long des haies, j'ai entendu soudain des chants merveilleux, j'ai prêté l'oreille, et les voix m'ont conduite jusqu'à ce préau, où toute seule tu faisais tes oraisons, entourée d'une lumière extraordinaire.

GENEVIÈVE

Est-il vrai, Bertrade ?

BERTRADE

C'est vrai, Geneviève, et puisque tu m'appelles ton amie, dis-moi, je t'en supplie, le secret de ta sagesse. Je te vois travailler toujours gaiement, comme si tu ne sentais pas ta peine. On dirait que les misères de ce monde ne t'approchent pas, comme le jour où le grand orage t'avait surprise en prière dans les champs, et où tu rentras chez tes parents sans une seule goutte sur ta robe.

GENEVIÈVE

Chère sœur, la bonté de Dieu m'avait ainsi préservée pour calmer le courroux de ma mère, souvent fâchée contre ma dévotion ; il t'eût fait, sans doute, la même grâce.

BERTRADE

Oh ! je ne le mérite pas et ne demande point des choses si miraculeuses ; dis-moi seulement ton secret, car sûrement il y en a un dans ta vie.

GENEVIÈVE

Mon secret est à Dieu. Il lui a plu jadis de le manifester en ces lieux, mais les gens de Nanterre l'ont presque tous oublié, et mes parents aussi, je crois.

BERTRADE

Ah! je savais bien qu'il y avait un prodige dans ta patience ; dis-moi tout, de grâce ; ne puis-je savoir ce que savent les vieilles gens du village ?

### GENEVIÈVE

A quoi bon ? Tout cela est oublié ; il suffit maintenant que je me le rappelle et que je garde mes serments à Dieu.

### BERTRADE

Non, tu ne me refuseras pas de la sorte. Geneviève, dévote sœur, au nom de la vierge Marie, dis-moi ton secret, pour que j'apprenne à l'imiter.

### GENEVIÈVE

Eh bien, promets-moi de le garder fidèlement à ton tour, et, devant Notre-Dame, je te dirai tout.

### BERTRADE

Je le jure ! Si jamais Dieu veut le dévoiler, ce ne sera point par ma bouche.

### GENEVIÈVE

Eh bien, écoute donc un trait de la miséricorde de Dieu. Il y a sept ans environ, on entendit dire dans nos villages que le saint homme Germain, évêque d'Auxerre, traversait Paris pour se rendre en Angleterre, où les hérétiques menaçaient encore la foi. Mes parents, désireux de l'apercevoir, allèrent, avec tout le peuple, l'attendre au delà de Nanterre. Il arriva en effet avec son compagnon, Loup, évêque de Troyes, et plusieurs autres clercs, et il se dirigea aussitôt vers l'église. Mais, parmi la foule nombreuse qui l'entourait, Dieu permit qu'il m'aperçût et, m'ayant fait approcher avec mes parents, il me regarda un moment et leur dit : Cette enfant sera votre consolation. Puis, s'adressant à moi : Geneviève, ma fille, commença-t-il. — Je répondis : Père saint, votre servante vous écoute. — Eh bien, parle-moi sans crainte ; voudrais-tu être consacrée à Jésus-Christ, pour vivre comme son épouse dans une pureté sans tache ? —

Ah ! saint évêque, c'est toute mon envie, priez le Seigneur qu'il me l'accorde.

BERTRADE

Comment osais-tu parler à un si grand personnage ?

GENEVIÈVE

Dieu m'inspirait, Bertrade ; d'ailleurs je voyais tant de bonté sur le visage du saint, qu'il me semblait être en présence de Jésus lui-même. Mais ce ne fut pas tout ; l'heure des vêpres étant venue, Germain entra dans l'église et, m'ayant fait agenouiller devant lui, tint les mains sur ma tête, durant tout l'office, en priant pour moi.

BERTRADE

Et depuis, ne l'as-tu jamais revu ?

GENEVIÈVE

Oh ! si ; le lendemain même à l'aurore, avant de se mettre en route, il me fit redemander, et mon père Severus, m'amena devant lui. Salut, Geneviève, me dit-il, te souviens-tu de ta promesse d'hier ? — Oui, Père saint, j'ai promis à Dieu et à vous de garder toujours sans souillure mon âme et mon corps. Je le veux de même aujourd'hui, avec la grâce de Dieu ! Alors, voyant près de lui, à terre, un denier de cuivre marqué d'une croix, le saint évêque le ramassa et me le donna en disant : Suspends cette effigie à ton cou en souvenir de moi; ne porte jamais de collier ni de joyaux ; car si tu venais à aimer les choses terrestres, tu perdrais la parure céleste promise aux épouses du Christ. Après ces mots, il nous quitta, et je ne l'ai jamais revu.

BERTRADE

Montre-moi cette médaille précieuse, l'as-tu gardée ?

### GENEVIÈVE (la montrant).

La voici, ma sœur, j'ai gardé avec elle ma fidélité à Jésus et les paroles de l'évêque. Voilà pourquoi les peines de la terre me sont légères, je vis à moitié dans le ciel.

### BERTRADE

Oui, je commence à comprendre. Mais comment tes parents ont-ils oublié tout cela, pourquoi ta mère te donne-t-elle parfois des coups?

### GENEVIÈVE

Dieu veut m'éprouver, ma sœur, je bénis la main qui me châtie de sa part.

Mais tu me fais oublier mon troupeau, la nuit vient, beaucoup de brebis sont retournées au bois, j'ai grand peur que le loup.....

### BERTRADE (l'interrompant pour écouter).

Ecoute l'aboiement des chiens.....

### GENEVIÈVE

Courons au secours du troupeau ; le bon Pasteur donne sa vie pour ses brebis.

(On baisse la toile, tandis qu'elles sortent en courant.)

# DEUXIÈME ACTE

---

**Geneviève l'héroïne.**

La scène se passe en 451, dans le parvis d'une église, à Paris.

---

## SCÈNE Iʳᵉ

### GENEVIÈVE, ALDE ET CÉLINIE

#### GENEVIÈVE

Arrêtons-nous ici, mes filles, et, prosternées entre le parvis et l'autel, prions pour le salut du peuple de Paris. Hélas ! cette ville fut souvent coupable et je vois le fléau de Dieu qui s'approche. Son armure éclatante porte la terreur, son glaive jette la foudre, les sabots de son cheval écrasent les semences. Qui nous délivrera ? Seigneur, ayez pitié de votre peuple et ne soyez pas éternellement irrité contre lui ! (Elle se prosterne, les autres chantent) : *A 1 Dominum qui salvabit populum venite, miseri, venite, populi.*

#### ALDE

Geneviève, servante de Dieu, rassure nos âmes : si le vainqueur entre dans Paris, que nous arrivera-t-il ?

#### CÉLINIE

Toi qui es notre mère, aie pitié de nous ; sauve la cité du terrible Attila, comme tu l'as déjà sauvée de la famine !

#### GENEVIÈVE

Qui suis-je, ô mes filles, moi, la plus vile des pécheresses, pour que le Seigneur obéisse à ma prière ? Mais cette ville a de grandes destinées, Dieu ne la laissera point périr ; elle sera le champ d'une bataille incessante entre le bien et le mal, sans que jamais l'iniquité l'envahisse tout entière ; mère féconde, elle aura des enfants glorieux, et le nombre des saints qu'elle verra naître dépassera celui des fils de perdition !

#### ALDE

Mère, verrons-nous ces temps meilleurs ?

#### GENEVIÈVE

Vous les verrez, mais non pas d'ici. Allons maintenant annoncer aux pauvres gens que Dieu va les secourir. (Elles se disposent à sortir.)

## SCÈNE II

### LES MÊMES, BERTHE

BERTHE (affolée).

Que faites-vous là, malheureuses, quand le fléau est à nos portes ? Courez, si vous voulez vous sauver encore !

### ALDE

Nous sommes sous la garde du Très-Haut et de Geneviève, notre mère ; qui pourrait nous effrayer ?

### CÉLINIE

Et quand les flèches voleraient sur nos têtes, quand mille hommes tomberaient à notre droite et dix mille à notre gauche, aucun mal ne nous atteindrait, et nous n'aurions point de crainte.

### BERTHE

Folles, vous irez dire cela au roi des Huns ; attendez, attendez, chantez bien, et sa massue vous mettra à la raison !

### GENEVIÈVE

O femme insensée, ne raille point leur foi, mais demande plutôt au Seigneur de réveiller la tienne.

### BERTHE

C'est toi-même qui dors, tu trompes ces pauvres filles par tes songes et tes sorcelleries. Venez, innocentes, c'est moi qui veux vous sauver. (Elle les prend par la main.)

### ALDE ET CÉLINIE (s'attachant à Geneviève).

Nous ne quitterons pas notre mère, Dieu est avec elle !

### BERTHE

Eh bien, soyez tranquilles, on vous y laissera ; vous serez parmi les cadavres qu'Attila amoncellera derrière lui ! Pour moi, je vais retrouver ma mule et sa charrette qui emportent tout ce que j'ai au monde : vous ne valez guère la peine qu'on prend pour vous sauver, têtes dures.

### GENEVIÈVE

C'est toi, ô pauvre femme, que nous voulons sauver. Va, prends la bride de ta mule, et rentre en paix dans ta maison ; aucun malheur ne t'arrivera.

### BERTHE

C'est cela, je vais te croire, et demain, peut-être, les hordes d'Attila ne feront qu'une bouchée de mes pauvres biens !

### ALDE

O mère, elle n'a pas entendu l'Evangile ; elle ne connaît pas ces trésors que les voleurs ne peuvent dérober, que la rouille et les vers ne consument point.

### GENEVIÈVE (à Berthe).

Tu es trop attachée, ma fille, aux biens de ce monde ; mais Dieu veut te sanctifier ; approche et réponds-moi. Tu t'es enrichie dans le commerce de la laine ?

### BERTHE

Oui, qu'est-ce que cela vous fait ?

### GENEVIÈVE

Quand les bergères des villages t'apportaient en fardeau la toison de leurs brebis, pourquoi allais-tu, toute seule, les peser dans ta demeure ?

### BERTHE

Tu ne l'as pas vu ?

### GENEVIÈVE

Le Seigneur me l'a montré pour que tu te convertisses. Tu payais à ces pauvrettes la moitié seulement de leur laine, et elles, ignorantes, ne s'en apercevaient pas. Il est écrit, dans le saint Livre, que Dieu a en abomination la balance trompeuse ; repens-toi donc et prends garde que la justice céleste ne frappe ton trésor !

BERTHE (confuse).

Ah ! pardonne-moi, je vois bien que Dieu t'éclaire ; que faut-il faire pour sauver mes biens ?

GENEVIÈVE

Il faut sauver avant tout ton âme, et pour cela promettre au Seigneur de faire désormais ton commerce honnêtement, et de rendre aux pauvres tout ce que tu as gagné par fraude.

BERTHE

Je le veux bien, si tu me jures que les Huns n'entreront pas dans Paris. (On entend du bruit.) Ah ! les voilà ; pitié, pitié.

## SCÈNE III

### LES MÊMES, KRONA

KRONA (épouvantée).

Je vais chercher refuge dans l'église ; tout le peuple s'enfuit, il ne reste que les impotents, tremblant la fièvre et la peur. Croyez-vous qu'il respectera les temples ?

BERTHE (reprise d'effroi).

Rien, rien, pauvres créatures que nous sommes ! il met le feu partout, et tue tout ce qui est vivant.

ALDE

Est-ce que les gens continuent à s'enfuir ?

KRONA

Par toutes les portes et dans toutes les directions ; il n'y a plus bœufs, ni chevaux, pour traîner ce que cha-

cun emporte. Quelques femmes disent que Geneviève
la prophétesse a promis le salut de Paris, et qu'il
ne faut pas s'enfuir; mais les hommes les font taire et
veulent les écharper.

GENEVIÈVE

Ainsi, Seigneur Dieu, vous ôtez le courage du cœur
des forts, pour montrer que la délivrance est votre œu-
vre et que vous seul l'accomplirez; calmez-vous, pauvres
sœurs, et qu'au milieu du tumulte vos innocentes voix
ne cessent d'implorer le ciel; chantons les psaumes et
attendons :

(On joue le prélude.)

Allumez maintenant des flambeaux, car notre délivrance est proche.

(Alde prend trois cierges, les allume á un flambeau qui brûle devant
la porte de l'église, en donne un à Geneviève, un à Célinie, et garde le
dernier.

TOUTES CHANTENT

*Qui habitat in adjutorio Altissimi, in protectione Dei
cœli commorabitur* (1).

Pendant ce temps les cierges s'éteignent.

L'ange apparait, rallume les cierges et chante :

*Et scapulis suis obumbrabit tibi et sub pennis ejus
sperabis, obumbrabit tibi.* (Il disparait.)

Elles reprennent, et les cierges s'éteignent.

*Qui habitat in adjutorio Altissimi...*

L'ange reparait, rallume et chante :

*Et angelis suis mandavit de te, ut custodiant te in om-
nibus viis tuis, omnibus viis tuis.*

Elles reprennent :

*Qui habitat in adjutorio...*

(1) Recueil des Psaumes de Marcello, texte italien : *qual con gelosa
cura.*

#### GENEVIÈVE

Dieu a vaincu l'esprit malin, vous le voyez, pauvres femmes ; prenez donc confiance. Celui qui a précipité Satan dans les enfers, saura bien repousser Attila au-delà du Rhin. Demeurez ici dans la paix et laissez-moi prier. (Elle s'agenouille et s'absorbe dans sa prière.)


## SCÈNE IV

### LES MÊMES, ERRHADE


#### ERRHADE

Que font toutes ces femmes ? Sans doute elles sont chrétiennes. Hé ! dites, les jeunes filles, savez-vous où s'est cachée Geneviève, la sorcière ? on la cherche de tous côtés. Les hommes ne veulent pas quitter Paris sans la brûler.

#### KRONA

Pourquoi ? je croyais qu'elle était prudente fille ?

#### ERRHADE

Ah ! sûrement non, on dit qu'hier elle suivait toutes les maisons, disant aux gens : N'ayez point peur, ne quittez pas vos demeures, car l'ennemi n'entrera pas dans Paris.

#### KRONA

Peut-être qu'elle aura raison ! Pour moi, je ne la connais pas, mais je la sauverais si je pouvais. Que les hommes s'enfuient donc s'ils veulent ; mais c'est bien assez des malheurs du temps, sans brûler encore une femme innocente.

#### ERRHADE

Pas si innocente que vous dites ; il parait qu'elle

trompe tout le monde, même les évêques, par sa fausse dévotion ; elle imagine qu'elle fait des miracles.

Ah ! je voudrais bien les voir.

**BERTHE** (à part).

Eh bien, moi, j'en ai vu deux, et des fameux ; aussi je la défendrai, s'ils viennent, les hommes !

**ALDE** (à Célinie).

Prions, ma sœur ; les ennemis nous enveloppent de toute part, et voici que notre mère est perdue en Dieu !

**ERRHADE**

Qui est cette femme proternée ?

**CÉLINIE** (se mettant devant Geneviève).

C'est notre mère ; laissez-la en paix, nous gardons son repos.

**ERRHADE**

Quelle espèce de mère avez-vous donc, qui se laisse garder par ses filles, au lieu de les garder ?

**ALDE**

Soyez sans crainte, elle nous garde aussi ; nous n'avons pas peur en ces tristes jours, nous chantons. (Elles reprennent : *Ad Dominum.* Pendant le chant, Errhade s'approche doucement, enlève les sandales de Geneviève agenouillée et s'enfuit sans bruit ; mais, arrivée à la porte, elle pousse de grands cris, car elle est soudain devenue aveugle.)

**ERRHADE**

Pitié, miséricorde ; où suis-je ?

**ALDE** (s'élançant).

Qu'as-tu donc, pauvre femme ?

**ERRHADE**

Où me mènes-tu ? je n'y vois plus ; c'est la nuit ; au secours !

#### CÉLINIE

Mais, de grâce, apaise-toi ; que tiens-tu donc là !

#### ERRHADE (lâchant les sandales).

Ah ! elles me brûlent, ce sont les sandales de la femme qui prie là par terre ; je les ai volées, et elle m'a volé mes yeux. Ah ! malheur, malheur !

#### GENEVIÈVE (se levant soudain).

Quels sont ces cris ? Pourquoi pleures-tu, ma sœur ?

#### ERRHADE

Est-ce toi qui as mes yeux ? Ah, rends-les-moi par pitié ?

#### GENEVIÈVE

Que venais-tu faire ici ?

#### ERRHADE

Chercher Geneviève, la sorcière, que les hommes veulent brûler ; mais ces maudites sandales m'ont arrêtée et aveuglée.

#### GENEVIÈVE

Tu voudrais donc voir Geneviève, servante de Dieu ?

#### ERRHADE

Oui, je verrai tout ce qu'on voudra, pourvu que je retrouve mes yeux.

#### GENEVIÈVE

Le Dieu des chrétiens qu'adore Geneviève, peut te rendre la vue, mais si tu promets d'apprendre à le connaître et à le servir.

#### ERRHADE

Ah ! tout ce que tu voudras, s'il est assez puissant pour me guérir.

GENEVIÈVE (faisant le signe de la croix sur ses yeux).

Eh bien, au nom de Jésus-Christ, que ton âme s'ouvre à la foi, et tes yeux verront Geneviève que tu cherches.

ERRHADE (ouvrant les yeux).

Toi, Geneviève, toi, ange du ciel !

KRONA (à part).

Elle l'appelait sorcière tout à l'heure !

GENEVIÈVE

Oui, moi que Dieu t'a envoyée pour guérir ensemble ton âme et ton corps. Crois-tu maintenant ?

ERRHADE

Je crois que le vrai Dieu peut seul avoir de si bons serviteurs, qu'il me pardonne comme toi et qu'il m'éclaire.

## SCÈNE V

LES MÊMES, UN SOLDAT, SIGFRIED

SIGFRIED

Où s'est-elle cachée, la maudite sorcière ?

ALDE (s'élançant pour l'arrêter).

Soldat, que viens-tu faire ici ? pourquoi troubler de pauvres femmes ?

SIGFRIED

Je veux entrer dans l'église ; elle ne peut se cacher que là.

GENEVIÈVE (s'avançant).

Qui donc cherches-tu ?

SIGFRIED

Geneviève la prophétesse, qui veut nous livrer à Attila.

GENEVIÈVE (avec majesté).

C'est moi !

ALDE ET CÉLINIE (se mettant devant elle).

Ah ! mère, que fais-tu là ?

LES FEMMES (se mettant aussi devant elle).

Mais nous la défendrons !

SIGFRIED

C'est toi qui es là en patenôtres, quand les pauvres gens hurlent de frayeur dans les rues ?

GENEVIÈVE

Je l'ai dit déjà, le Seigneur a fait miséricorde à Paris, et le fléau de Dieu ne frappera point tes murailles.

SIGFRIED (la saisissant).

Ah ! tu le répètes ? viens, malheureuse, viens, et qu'on te lapide. Sans toi, le peuple aurait fini depuis plusieurs jours.

CÉLINIE

Mère, défends-toi ; demande au ciel un miracle.

LES FEMMES (la retenant).

Tu ne la toucheras pas, brutal, ou bien tu nous fouleras aux pieds.

SIGFRIED

Je l'emmènerai, et vous avec elle, si vous ne la lâchez pas.

GENEVIÈVE

Ne vous effrayez point, mes sœurs ; il n'arrivera que ce que le Seigneur voudra.

## SCENE VI

LES MÊMES, SEDULIUS (vêtu en pèlerin).

**SEDULIUS**

Quels sont ces cris ? Qu'est ce que cette lutte à la porte du temple ?

**ALDE**

Ah ! vénérable Père, Dieu t'envoie à notre aide !

**CÉLINIE**

Sauve Geneviève de la fureur des gens de Paris !

**SEDULIUS**

Quoi ! c'est là Geneviève ! Dieu soit béni de me l'avoir fait si vite rencontrer (il s'incline devant elle). Geneviève, fille du ciel, je te révère dans le Christ, et je t'apporte un message.

**GENEVIÈVE**

Tu dois te tromper, seigneur moine ; je ne suis qu'une pauvre servante de Dieu, inconnue hors de cette ville.

**SIGFRIED**

Tout cela ne nous avance guère ; je l'ai trouvée et je veux l'emmener hors d'ici.

**SEDULIUS**

Arrière, sacrilège, et ne touche pas à l'élue du Seigneur !

**SIGFRIED**

Ce n'est pas un moine qui m'arrêtera ; retourne à tes oraisons, ou je lève ma hache.

**SEDULIUS**

Arrête, ou la foudre du ciel va tomber sur toi, et vous,

pauvres femmes, écoutez : celle-ci est Geneviève, fille bénie de Dieu, suscitée pour le pardon des hommes et le salut de Paris ; mais vous, peuple ingrat et frivole, vous avez déjà oublié ses bienfaits. Il n'y a pas dix ans que, le Frank Mérovée assiégeant vos remparts, elle s'embarqua, plus brave que les mariniers, et, remontant la Seine jusqu'à Troyes, elle rapporta des vivres pour nourrir les affamés. Elle pétrissait de ses mains la farine miraculeuse, distribuait les pains, et, grâce à sa prudence, aucun pauvre ne mourut de faim pendant le siège. Vous avez oublié cela !

LES FEMMES

Hélas !

SIGFRIED

Je n'y étais pas pour le voir.

SEDULIUS

Tais-toi et écoute seulement. Après ce service insigne, rendu par Geneviève au peuple de Paris, vous auriez tous dû tomber à ses genoux ; mais non, quelques misérables trouvèrent moyen de la calomnier, de la traiter de folle et, comme aujourd'hui, vous vouliez la tuer. Dieu la sauva alors, comme il la sauve aujourd'hui, par le ministère d'un saint qui la vénérait.

GENEVIÈVE

Ah ! seigneur prêtre, veux-tu parler de Germain, mon père dans la foi ?

SEDULIUS

De lui-même ; il traversa Paris au temps de cette fureur et, se faisant suivre par la foule, il pénétra dans ta demeure, ô vierge du Christ ; là, il te trouva en prières, et le lieu où tu t'agenouillais était tout baigné de larmes. Alors il parla au peuple ; il raconta ton enfance bienheureuse, la pureté de ta vie, tes jeûnes continuels, le martyre de ta pénitence ; il rappela tes récents bienfaits, et le peuple se mit à pleurer, remerciant Dieu de lui avoir épargné un crime. Mais vous, ingrats, vous avez tout oublié !

#### KRONA

Ah ! seigneur, n'en dis pas tant ; nous la révérons et nous l'avons défendue contre cet homme.

#### BERTHE

Il ne dit plus rien ; mais si tu avais vu sa colère tout à l'heure !

#### SIGFRIED

Ils me disaient tous que c'était elle qui ouvrirait nos portes à Attila ; je les ai crus ; ce n'est pas ma faute, je ne suis qu'un pauvre homme.

#### SEDULIUS

Tiens-toi donc en paix, mon frère ; et toi, Geneviève, reçois ces eulogies : ce sont les présents de Germain ton père, qui, du fond de la tombe, vient encore te secourir.

#### GENEVIÈVE

Eh quoi, Germain est avec Dieu ?

#### SEDULIUS

Oui, ma fille ; je l'ai accompagné l'an dernier à Rome, où il voulait baiser les pieds du Père des fidèles. C'est de là qu'il est parti pour la Jérusalem céleste ; mais avant de mourir il m'a confié ces choses saintes, pour que je les apporte à sa fille, Geneviève de Paris, en signe d'entière communion et de fidèle vénération. (Il lui remet un petit paquet enveloppé de soie.)

#### GENEVIÈVE

Ah ! donnez, seigneur moine, afin que je baise ces signes bénits, et que je prie avec ardeur pour celui qui m'a donnée à Dieu !

### SEDULIUS

Reçois-les, ô bienheureuse, comme la dernière bénédiction de ton père, et vois avec quelle sollicitude les saints, du haut du ciel, viennent en aide à leurs enfants.

### GENEVIÈVE

Oui, la bonté de Dieu envoie des secours merveilleux à ceux qui l'aiment. Je l'ai souvent éprouvé dans ma vie. En toi, Seigneur, j'ai espéré ; je ne serai point confondue dans mon attente !

### SEDULIUS

Et maintenant que ma mission près de toi est remplie, je vais parler au peuple, dans les rues ; je leur répéterai ce que je vous ai dit, et bientôt le calme se fera dans toutes ces têtes ardentes.

### GENEVIÈVE

Va, ô mon Père, et que les anges t'accompagnent. (Inspirée). Dis-leur qu'en ce moment Attila passe la Seine, bien au-dessus de Paris, et voici qu'il tourne vers la Loire la tête de son cheval. Louons Dieu, qui nous délivre. Chantez, mes filles ; que votre joie éclate en saints transports. La main de Dieu va jeter à terre le fléau qui nous menaçait !

(Pendant qu'on baisse la toile, elles chantent : *Qui habitat in adjutorio Altissimi.*)

# TROISIÈME ACTE

---

## Geneviève la Sainte

La scène se passe à Paris, au palais de Clovis, dans l'oratoire
de la reine Clotilde, vers 490.

---

## SCENE Ire

### CLOVIS ET ALBOFLÈDE

#### ALBOFLÈDE

O roi mon frère, j'ai une demande à t'adresser.

#### CLOVIS

Parle, Alboflède ; tu sais qu'après la reine, je n'ai rien
de plus cher que toi et ta sœur Nanthilde.

#### ALBOFLÈDE

Je le sais, ô roi ; depuis la mort de Childéric, tu as
rempli  envers  nous les devoirs d'un père et d'un frère,

nous n'avons rien à craindre sous ta garde ; mais ce que je demande aujourd'hui ne dépend point de l'ardeur de ton courage ni du poids de ta francisque ; je parle à ton âme et j'espère qu'elle m'entendra.

### CLOVIS

Qu'est-ce donc ? Veux-tu un cheval blanc pour courir les forêts, des mules harnachées d'or pour ta litière ?

### ALBOFLÈDE

Oh ! non ; ce que je désire est bien mieux.

### CLOVIS

Est-ce un barde qui vienne t'égayer par ses chants, une Gauloise, fille des druides, qui t'apprenne le secret des plantes ?

### ALBOFLÈDE

Oh ! non, mon roi, c'est cent fois plus que tout cela ; laisse-moi te l'apprendre : je voudrais ressembler à Clotilde ta femme, être chrétienne comme elle.

### CLOVIS (se levant avec colère).

Toi aussi ! ce n'est donc pas assez de la reine pour me tourmenter à ce sujet ? Eh bien, non, je ne céderai pas. Le Dieu des chrétiens est inconnu dans nos tribus ; ni les Francs Saliens, ni ceux qui vivent entre la Moselle et le Rhin, ne l'ont jamais adoré ; donc il n'est pas le vrai Dieu.

### ALBOFLÈDE

Tu sais bien, ô roi, que la sainte religion est venue de l'Orient à Rome et de Rome jusqu'ici. Elle n'a pas encore visité tous les pays du nord, mais chaque jour elle en gagne de nouveaux et, si nous restons infidèles parmi la foule croissante des chrétiens, nous serons bientôt plus pauvres que le dernier de tes sujets.

CLOVIS (avec dédain).

Le crois-tu donc riche, leur Christ ? Il n'a jamais rien possédé ni conquis. Il n'a soumis aucun peuple par ses armes.

ALBOFLÈDE

Il disait que son royaume n'était pas de ce monde.

CLOVIS

Parce qu'il n'était pas assez fort pour s'en tailler un sur ses voisins. Comment adorer un Dieu pareil, qui n'a jamais porté le glaive et s'est laissé tuer par ses ennemis ?

ALBOFLÈDE

Il pouvait les foudroyer à ses pieds, il est le Tout-Puissant ; mais Il a voulu nous racheter par sa mort.

CLOVIS

Lui, tout-puissant ! il n'est pas même de la race d'Odin ! Et de quoi voulait-il nous racheter ? Sa foi est bonne pour des esclaves, mais les Franks sont hommes libres ; moi je suis leur roi et le fils des dieux ; ne me parle plus de cela.

ALBOFLÈDE

Eh bien, si tu ne peux croire encore, laisse-moi marcher devant toi pour t'éclairer ; je te montrerai la route du baptistère et tu m'y suivras un jour ; (s'agenouillant) ô mon frère, par ta gloire et ta vaillance, ne repousse pas ma prière, laisse-moi adorer devant tous le Dieu que je prie en secret.

CLOVIS

Clotilde a mieux réussi sur ton esprit que sur le mien ! Relève-toi, fille de Childéric, et ne renie pas tes ancêtres. Tu as été nourrie et élevée par ces femmes des Gaules, qui croient aux mystères et aux sacrifices, c'est pourquoi tu leur ressembles. Elles savent prophétiser et entendent la voix des dieux dans le fracas des orages. Si tu veux faire comme elles, va consulter les druides dans leurs cavernes, ils t'apprendront leurs enchantements, tu porteras la couronne de verveine et te croiras druidesse.

ALBOFLÈDE

Pourquoi chercher à tromper ta jeunesse ? Si tu ne crois pas plus à Teutatès qu'à Odin, comment y croirais-je ?

CLOVIS

Aimes-tu mieux les dieux de Rome ? ils sont nombreux et puissants ; je ferai venir un philosophe pour t'instruire.

ALBOFLÈDE (indignée).

O roi, que ton aveuglement est grand ! Vis-tu jamais un adorateur des faux dieux avoir les vertus de Clotilde ?

CLOVIS (étonné).

Elle est jeune, elle est belle, elle m'aime ; il n'y a pas besoin d'être chrétienne pour cela !

ALBOFLÈDE

Non, pas pour cela ; mais elle fait ce que Basine, ma mère, n'a jamais fait, ce qu'aucune reine n'a essayé avant elle. Chaque jour elle nourrit les pauvres à la porte de ton palais, elle panse de ses mains les plus affreuses plaies, et sa prière parfois les guérit.

CLOVIS

Si les chrétiens avaient tant de puissance, ils ne se seraient pas laissé torturer par les Romains pendant trois cents ans ; leur Dieu les aurait bien défendus ; mais comment un Dieu mort sur la croix pourrait-il défendre les siens ?

ALBOFLÈDE

O Clovis, c'est justement du haut de sa Croix qu'il attire l'amour et la confiance des hommes!

CLOVIS

L'évêque de Reims, Remy, qui est un homme sage et habile, m'a dit tout cela ; Clotilde l'en avait prié, elle le vénère comme un oracle ; mais comment veux-tu que je l'écoute ? les chrétiens ne s'entendent pas même entre eux ! Remy appelle ceux du midi des Ariens ; Gondebaud, l'oncle de Clotilde (que je punirai quelque jour), est aussi, paraît-il, un hérétique. Qui est-ce qui a raison et qui peut-on croire ?

ALBOFLÈDE

L'évêque de Rome a condamné les Ariens ; c'est lui qui dicte la vérité aux chrétiens, ils doivent croire et obéir à sa parole. Clotilde m'a expliqué cela.

CLOVIS

Elle t'en a trop dit déjà ; mais, puisque tu la défends, écoute donc le dernier mot de ma rancune contre le Dieu des chrétiens. Il m'a pris mon fils, t'en souviens-tu ? depuis un an déjà! L'enfant, premier fruit de ma race, était beau et fort comme un dieu ; je le présentai à mes leudes fidèles, couché dans mon bouclier, et leurs cris de joie ne l'effrayèrent pas ! Mais Clotilde ne songeait qu'à le faire baptiser au nom du Christ, disant que nos dieux étaient impuissants pour le garder, et je finis par céder à ses prières. L'évêque de Reims vint donc et répandit l'eau sainte sur Ingomer, avec des cérémonies magnifiques, qui me touchèrent malgré moi. Oh ! les dieux m'ont durement puni de ma faiblesse ; huit jours après l'enfant est mort, encore vêtu de la robe blanche que Remy lui avait mise.

##### ALBOFLÈDE

Je sais quelle fut ta douleur ; mais rappelle-toi ce que dit alors Clotilde : « Je bénis le Seigneur, parce qu'il n'a pas jugé indigne de son royaume, le fils auquel j'avais donné le jour ! »

##### CLOVIS

Oui, ses cris de mère ont été étouffés par sa fierté de donner un enfant à son Dieu, et aujourd'hui, plaise aux divinités de ne point me châtier encore ; car (il hésite), j'ai honte de l'avouer, mais tu le sais, Alboflède, le nouveau fils qui m'est né, Clodomir, elle l'a encore baptisé en secret. Depuis huit jours seulement, il vagit dans ces murs ; ah ! s'il venait à périr, tremble, Dieu des chrétiens, c'est moi qui me vengerais !

## SCÈNE II

#### LES MÊMES, UN SOLDAT

##### SIGFRIED

Roi très vaillant, une femme de Paris demande à te parler.

##### CLOVIS

La connais-tu ? que veut-elle ?

##### SIGFRIED

C'est Geneviève, que le peuple appelle la sainte et que les chrétiens révèrent.

##### CLOVIS

Oui, je la tiens pour femme de vertu, et la reine, qui la visite souvent, dit qu'elle commande à la nature. Fais-la entrer !

## SCÈNE III

LES MÊMES, GENEVIÈVE, appuyée sur ALDE,
SIGFRIED

### GENEVIÈVE

Roi des Francs, ta servante te salue ; que la miséricorde du Christ descende sur toi !

### CLOVIS

Assieds-toi en ma présence, femme vénérable ; la demeure du Sicambre est hospitalière ; j'aime à voir mes sujets s'y présenter librement.

### GENEVIÈVE

Je viens, au nom de mon Dieu, te demander justice pour le pauvre et réclamer les services que sa Majesté attend de toi ; mais je veux auparavant bénir ta jeune sœur. (A Alboflède.) Viens près de moi, ô princesse, ma fille ; sur ton front paré de candeur je devine une âme chrétienne ; que le signe de la croix te garde pure et te prépare à l'effusion du baptême. (Elle fait le signe de la croix sur le front de la jeune fille.)

### CLOVIS

Geneviève, je t'écouterai avec respect sur d'autres sujets, mais ne prêche pas ici une foi qui n'est pas la mienne.

### GENEVIÈVE

Elle le sera, ô roi, et l'heure où Dieu t'attend est marquée dans l'éternité ; mais, écoute aujourd'hui ma prière et ses ordres : en venant ici, j'ai rencontré des soldats qui traînaient un pauvre homme à la prison ; j'ai demandé quel était son crime. Ils n'ont point voulu me répondre. Alors, les suivant aussi vite que mon âge le permettait, je suis arrivée en même temps qu'eux, et j'ai obtenu qu'on attendît tes ordres pour le punir ; car le Seigneur m'a révélé que ce malheureux n'était point coupable.

CLOVIS

Et de quoi l'accusent-ils ?

GENEVIÈVE

O roi, daigne l'entendre toi-même, afin d'apprendre quelles injustices on fait en ton nom.

CLOVIS

(Au soldat.) Va chercher ce prisonnier. Et toi, Geneviève, que demandes-tu encore de la part de ton Dieu ?

GENEVIÈVE

Le Christ, mon maître, qui est le Roi des rois, veut que tes mains lui élèvent en cette ville un temple plus beau que ceux qu'il a déjà. Les Saint Apôtres Pierre et Paul, colonnes de la foi, en seront les patrons, et cette église, où toi et Clotilde devez reposer un jour, parlera de ta piété, durant de longs siècles, à tes descendants.

CLOVIS

Je le veux ; il faut que les chrétiens soient satisfaits, comme mes autres sujets. Où dois-je bâtir ce nouveau temple ?

GENEVIÈVE

Dieu m'en a désigné la place. Sur la rive gauche de la Seine s'élève une verte colline, où les fils de tes leudes s'essayent à tirer de l'arc et à soulever la framée ; c'est là que le Tout-Puissant veut habiter.

CLOVIS

Je te l'accorde : demain, à l'heure de midi, j'irai là avec ceux qui mesurent la terre ; je jetterai devant moi la francisque de toute la force de mon bras, et le lieu où elle ira s'abattre, marquera la limite de l'église. Es-tu satisfaite ?

GENEVIÈVE

Oui, mon roi ; élève ainsi le temple matériel de Dieu, pendant qu'il s'en prépare un autre dans ton âme.

## SCÈNE IV

### Les Mêmes ; LE SOLDAT ET LE PRISONNIER LICIUS

LICIUS

O roi, fais-moi justice ; si Geneviève la sainte ne m'avait défendu, je serais maintenant au fond d'un cachot.

CLOVIS

Quel est ton crime ?

LICIUS

Je suis fils de citoyen romain.....

CLOVIS (l'interrompant).

Que m'importe ? les Romains ne sont plus maîtres ici. Mais tu es homme libre ?

LICIUS

Oui, seigneur ; j'ai épousé une Gauloise qui sait téindre et tisser la laine ;  moi je vends les manteaux et les tuniques qu'elle fait, aux étrangers ;  ainsi nous pouvons nourrir nos fils, tes serviteurs. Mais, l'an dernier, j'ai vendu à un noble frank des robes d'écarlate d'un grand prix, et il ne les a pas encore payées, malgré que je l'en aie supplié bien des fois. Enfin, ce matin, comme il passait devant ma demeure, je criai tout haut : Noble seigneur,

mets fin à ta dette ; aie pitié d'un malheureux marchand !
Lui se jeta sur moi, disant que je mentais, qu'il saurait
bien me punir, qu'il ferait vendre ma femme et mes
enfants, me couperait les bras ! Enfin, il m'avait déjà
terrassé quand Geneviève m'arracha de ses mains et me
fit amener ici par des soldats.

CLOVIS (à Geneviève).

Geneviève, est-ce la vérité ?

GENEVIÈVE

Oui, seigneur, devant Dieu, cet homme ne ment
point.

CLOVIS

Qui est ton débiteur ?

LICIUS

C'est Sigibert de Neustrie, qui s'est bâti une riche
demeure dans l'Ile de la Seine.

CLOVIS

Va, Sigfried, lui porter ce message : « Tu t'es levé matin,
comme le loup, pour fondre sur ta proie ; mais si tu ne
rends pas à l'agneau la laine que tes dents ont arrachée,
tu ne dormiras point ce soir dans ta tanière. » Va. —
(Le soldat sort. A Licius.) Et toi, marchand, demande vingt sous
d'or au garde de mes coffres ; il te les donnera pour prix
de l'injustice qu'un de mes serviteurs t'a faite. (Licius sort.)

GENEVIÈVE

Je te loue, ô roi, de ta sentence. Le jour où tu seras
chrétien, tu auras la sagesse de Salomon.

# SCÈNE V

## CLOVIS, ALBOFLÈDE, WULTRADE, GENEVIÈVE

### WULTRADE

Seigneur, la reine ayant appris que Geneviève est ici, la mande auprès d'elle et prie la princesse de l'accompagner.

### CLOVIS (impatient).

Pourquoi ne vient-elle point ici dans son oratoire, où je l'attendais ce matin ?

### WULTRADE

Elle tient le jeune prince qui crie et se débat dans ses bras ; elle pleure, elle prie.

### CLOVIS (furieux).

Ah ! jour maudit ! Cet enfant va mourir, les dieux se vengent. Qu'on l'apporte devant moi à l'instant. (Wultrade sort, Geneviève et Alboflède veulent la suivre ; Clovis les retient.) Restez ici. Pourquoi vous ai-je écoutées? Clotilde et vous conspirez contre ma race. Malheur à moi pour avoir cédé aux larmes des femmes !

### ALBOFLÈDE

Aie confiance, ô Clovis; le Dieu des chrétiens est maître de la mort et de la vie ; il ne dédaigne pas la prière des rois.]

# SCÈNE VI

## LES MÊMES ; CLOTILDE (éperdue, tenant l'enfant dans ses bras).

### CLOTILDE

Voilà ton fils : il va mourir comme Ingomir son aîné, si tu ne le sauves, en priant Jésus-Christ.

CLOVIS

Moi prier pour celui qui appelle la mort sur ma maison ! Maudit soit le jour où je t'ai prise pour femme, Sans toi, mes fils vivraient, tandis que celui-là aussi est mort (repoussant l'enfant qui crie). Qu'il s'en aille au paradis des chrétiens, et que Thor et Odin m'en donnent d'autres !

CLOTILDE (indignée).

O maître cruel, n'est-ce point moi qui t'avais donné ceux-ci ? (A l'enfant.) Clodomir, mon fils, regarde-moi, ne t'en va pas dans les chœurs des anges ; le royaume du ciel est pour toi, mais un autre t'attend ici-bas; agite tes faibles mains, elles tiendront un jour le glaive ; lève la tête, ô mon petit roi, et dis à la mort de s'enfuir !

ALBOFLÈDE (agenouillée devant elle).

Ma sœur, je prie avec toi le Dieu du ciel : s'il guérit l'enfant, je jure de me donner à lui.

CLOVIS (la relevant violemment).

Tais-toi et laisse-le mourir; il est marqué par les dieux du signe de colère.

CLOTILDE (désespérée).

Ah ! malheureuse que je suis! Tous les miens ont péri par trahison, et je ne puis garder mon unique enfant ! Seigneur, en qui j'ai mis mon espoir, ne me confonds pas aux yeux des infidèles. Eclaire celui qui t'outrage, pendant qu'il déchire mes entrailles de mère; Clovis, si tu veux qu'il vive, prie avec moi le Père, le Fils et le Saint-Esprit !

CLOVIS (durement).

Celui qui n'a pas sauvé l'aîné ne peut pas guérir celui-là.

CLOTILDE

Il n'attend peut-être que ta prière pour tourner ses regards vers nous !

ALBOFLÈDE (arrêtant Clovis qui veut sortir).

O mon frère, si tu m'aimes !

CLOVIS (furieux).

Arrière les femmes ! le temps de la faiblesse est passé, je vais rejoindre mes hommes d'armes ; vous ensevelirez seules celui que vous avez tué !

GENEVIÈVE (sortant de sa prière).

O Clovis, mon roi par ta puissance, mon fils par ta jeunesse, écoute les paroles de la servante du Christ. Ne t'enfuis pas quand le temps de la miséricorde est venu ! C'est par la douceur que Dieu veut courber ta tête, fier Sicambre, et il viendra à toi les mains pleines de bienfaits. Veux-tu que cet enfant vive et règne après toi ?

CLOVIS

Puis-je croire que ta vieillesse cherche encore à me tromper ?

GENEVIÈVE

Ma bouche ne connaît que la vérité et je te parle au nom de Dieu même. Si l'enfant renaît aujourd'hui, promets de t'instruire dans la foi chrétienne et de te préparer au baptême ?

CLOVIS

Je ne veux rien jurer à un Dieu qui ne m'a fait que du mal.

GENEVIÈVE

Eh bien, le Tout-Puissant sera généreux malgré toi. (A Clotilde.) Reine, donne-moi ton fils, et invoquons ensemble Jésus-Christ et la Vierge Marie (Geneviève enveloppe l'enfant dans son manteau et, l'élevant, elle prie avec solennité.) Seigneur, qui avez voulu que l'eau sainte du baptême fût une source de régénération, daignez aujourd'hui donner à cet enfant chrétien une nouvelle vie, afin qu'il vous loue à son tour et que les infidèles, témoins de votre puissance, disent avec nous : Jésus-Christ est le Dieu éternel qui vit dans les siècles des siècles. Amen.

(Clotilde et Alboflède sont penchées sur l'enfant.) CLOTILDE

Il vit ! il ouvre les yeux, il sourit ! Gloire soit à Dieu dans le ciel et bénédiction sur la terre à toi, Geneviève, sainte et bienfaisante vierge !

ALBOFLÈDE

Laisse-moi baiser tes mains, ô fille de Dieu : en sauvant aujourd'hui l'espoir de notre race, tu nous ouvres à tous la vie éternelle !

CLOTILDE (mettant l'enfant dans les bras de Clovis).

Reçois, mon époux, cet enfant que Dieu te donne une seconde fois ; il est chrétien, doublement racheté de l'enfer et de la mort ; ne veux-tu point le suivre au baptistère et souffriras-tu que ton fils te précède sur la route du Paradis ?

ALBOFLÈDE (à genoux).

Je t'en supplie à genoux, mon frère et mon roi, par la mort de notre mère qui m'a laissée à ta garde, par la vie rendue à cet enfant que j'aime, écoute ma prière. Viens te présenter avec moi à l'évêque Remy et demandons ensemble le baptême.

CLOVIS (ému)

Je ne voudrais pas résister au Tout-Puissant ; cependant je crains encore mes dieux. (Élevant l'enfant dans ses bras.) Clodomir, toi qui seras un jour roi chrétien, attire sur

nous par ton innocence l'inspiration divine. (Parlant lente-
ment.) Tous ceux que je vénère sont chrétiens, Geneviève,
Remy, Clotilde et bien d'autres ; mes Franks le devien-
draient si je voulais ; mais il faut croire tant de choses,
avoir tant de vertus, comme ils disent !

### GENEVIÈVE

Ne t'effraye pas, ô prince. Tu es fort entre les forts, et
pourtant tu n'as pas conquis en un jour ton royaume, tu
n'as pas même fini de l'agrandir ; ainsi l'on ne revêt point
toutes les vertus chrétiennes avec la robe blanche et en
un moment ; mais on les gagne une à une en combattant
sans cesse l'esprit du mal !

### CLOVIS

C'est une sorte de combat que j'ignore et qui n'a
guère d'attraits !

### CLOTILDE

Le Seigneur t'y appelle pourtant, et sa force t'y sou-
tiendra. Les anges te revêteront d'une armure invulné-
rable, tu recevras le casque du salut, le bouclier de la
foi, le glaive de la parole sainte, et ainsi tu vaincras
même les ennemis invisibles.

### CLOVIS (à genoux).

Dieu de Clotilde, je te rends grâces du prodige que tu
m'as envoyé aujourd'hui. (Il se relève.) Je voudrais croire en
toi et te servir, mais je ne sens pas mon heure venue ;
force-moi, si tu es le Tout-Puissant, à me rendre à ta
merci !

### GENEVIÈVE (inspirée).

Tu l'as dit, Clovis, ton heure n'est pas encore venue,
mais elle arrive ; car ce n'est point cet enfant, c'est toi-
même que Dieu veut sacrer, ici, premier roi chrétien. Le
Seigneur s'est armé pour le combat, il descendra lui-
même sur le champ de bataille où tu t'agites vainement !

Je vois la multitude des soldats, j'entends le choc des lances, là-bas, sur l'autre rive du Rhin, et je te vois revenir triomphant et chrétien !

Patience, ô reine Clotilde, continue à prier et glorifie Dieu, car ta foi a sauvé ces peuples.

*(Tous s'agenouillent devant elle, sauf Clovis.)*

### CLOVIS (s'inclinant).

Vénérable femme, que le ciel t'entende, et qu'il soit béni le jour où tu as apporté les bienfaits de Dieu dans ce palais.

### CLOTILDE

Etends sur nous tes mains, ô sainte, afin que le Christ accomplisse tes promesses, et que sa grâce repose à jamais sur nous et sur le peuple frank.

*Geneviève, qui doit occuper à ce moment le centre de la scène, étend les mains pour les bénir tous, et on baisse aussitôt la toile.*

## CHŒUR FINAL (1)

*(Chanté derrière le rideau).*

Célébrons, chantons Geneviève,
Louons la vierge de Paris !
A sa voix l'infirme se lève
  Et tous les maux sont guéris,
  Par sa main les maux sont guéris,
C'est la Patronne de Paris *(trois fois).*

### PREMIER SOLO

O prodige, une humble femme
Commande à tous les éléments.

(1) Opéra du *Prophète*, chœur d'enfants du 3e acte.

### DEUXIÈME SOLO

Elle éteint l'ardeur de la flamme,
Et calme les flots débordants,
La tempête *(bis)* et les vents *(bis)*.

### CHŒUR

Célébrons, chantons Geneviève, etc.

---

## *NOTE*

*Les faits miraculeux et autres représentés dans ce drame sont authentiques et puisés principalement dans les Bollandistes. Quant au cadre historique et aux détails de mœurs et de lieux, ils ont été fournis par les Etudes germaniques d'Ozanam et divers autres ouvrages sérieux.*

Lyon. — Imp. Emmanuel Vitte, rue Condé, 30.